LA FRANCE

DRAMATIQUE

AU DIX-NEUVIÈME SIÈCLE,

Choix de Pièces Modernes.

Vaudeville.

L'ANNEAU DE LA MARQUISE,

COMÉDIE-VAUDEVILLE EN UN ACTE.

C. T.

757.

PARIS.

C. TRESSE, ÉDITEUR,

ACQUÉREUR DES FONDS DE J.-N. BARBA ET V. BEZOU,

SEUL PROPRIÉTAIRE DE LA FRANCE DRAMATIQUE,

PALAIS-ROYAL, GALERIE DE CHARTRES, Nᵒˢ 2 ET 3,

Derrière le Théâtre-Français.

1842.

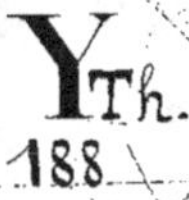

L'ANNEAU DE LA MARQUISE,

COMÉDIE–VAUDEVILLE EN UN ACTE,

PAR

MM. LAURENCIN ET CORMON ;

Représentée pour la première fois, à Paris, sur le théâtre du Vaudeville,
le 2 juillet 1842.

DISTRIBUTION DE LA PIÈCE.

LE MARQUIS DE LUCY.................................... M. FONTENAY.
LA MARQUISE HORTENSE, sa femme..................... Mme THÉNARD.
MARIETTE, femme de chambre de la marquise........... Mlle LISE FONTENAY.
LE VICOMTE ALFRED, officier de chevau-légers............. M. DESBIRONS.
ROUGET, jardinier..................................... M. PHILIPPE.
PICARD, domestique.................................... M. LUDOVIC.

La scène se passe à Fontainebleau dans la maison de campagne du marquis.

Le théâtre représente un salon Louis XV. — A gauche, l'appartement de la marquise. — A droite, celui du marquis, et une porte conduisant chez Mariette. — Une fenêtre donnant sur le jardin, elle est ouverte et on aperçoit le haut d'une échelle.

SCÈNE I.

PICARD, puis MARIETTE.

(Au lever du rideau la scène est vide et sombre, Picard entre par le fond avec deux bougies, qu'il place sur une console.)

MARIETTE, dans la chambre à gauche.
Est-ce vous, Picard ?

PICARD.
Oui, mam'zelle Mariette, j'apporte de la lumière.

MARIETTE.
Madame est-elle encore au jardin ?

PICARD, allant à la fenêtre.
Oui... oui... elle se promène avec son cousin.

MARIETTE.
Ah !

PICARD, regardant sous la fenêtre.
Tiens !... que fais-tu donc là, toi ? est-ce qu'on taille des espaliers à neuf heures du soir, au clair de la lune ?

ROUGET, dans le jardin.
On fait ce qu'on fait... ça ne regarde quiconque.

PICARD.
Retire au moins ton échelle.

ROUGET.
On la retirera quand faudra.

PICARD.
Est-il mauvaise tête, ce méchant...

MARIETTE, entrant.*
Rouget... n'est-ce pas ?... Oh ! faudra que ça change quand il sera mon mari...

PICARD.
Vous aurez de la peine.

MARIETTE.
Bah ! bah !...

PICARD.
Vous n'avez pas d'ordres à me donner, mam'zelle Mariette ?

MARIETTE.
Non, Picard... j'attends moi-même ceux de madame.

PICARD.
Il me semble qu'elle ne se presse guère de s'ha-

* Mariette, Picard.

biller... Je viens de voir une foule de voitures qui se rendaient du côté de Fontainebleau, des toilettes superbes, des costumes éblouissans... C'est une belle fête que la cour donne là !...

MARIETTE.

Et madame s'en faisait une d'y aller ! mais monsieur étant à Paris...

PICARD.

C'est juste... Cependant... je croyais que le petit vicomte, son cousin, étant ici...

MARIETTE.

Oh ! madame n'irait pas au bal sans son mari !...

PICARD.

Pour lors, on peut souper et se coucher ?

MARIETTE.

Tranquillement.

PICARD.

Bonsoir, mam'zelle Mariette.

MARIETTE.

Bonsoir, monsieur Picard.

SCÈNE II.

MARIETTE, seule, regardant son ouvrage.

J'espère que M. Rouget sera content... une cravate superbe... et brodée de ma main !... (Soupirant.) Il n'est pas beau, mon prétendu... mais pour un mari... on dit que ça ne fait rien... D'ailleurs, madame veut que je l'épouse, elle assure notre sort... elle est si bonne pour moi, madame... Ah ça ! mais cette promenade n'en finira donc pas ? (Elle va à la fenêtre.) Encore ensemble !... hum !... ces longues promenades, des regards, des demi-mots que j'ai surpris sans le vouloir...

Air : Voici la riante semaine.

Pour nous autr's femmes, c'est facile à comprendre,
 Sans avoir fait la moindre étud' pour ça;
Car c'est le cœur qui s' charge d' nous apprendre
 Tous les secrets de ce langage-là.
 Moi, pour ma part, lorsque Rouget soupire,
 En me r'gardant d'un air malicieux,
 Si je n' sais pas ce que cela veut dire...
Je sais très bien que j' dois baisser les yeux...
J' rougis tout d' suite et je baisse les yeux !

(Elle retourne à la fenêtre.)

Ah ! pourquoi Rouget ne ressemble-t-il pas à M. Alfred ?... ou plutôt pourquoi ne suis-je pas marquise ?... c'est peut-être un bel officier qui m'épouserait !... Enfin !...

SCÈNE III.

ROUGET, MARIETTE.

ROUGET, sur l'échelle.

Ça va bien... ça va très bien !... le cousin et la cousine ne se quittent pas !... Ah ! je suis d'un content... d'un content... Ah ! monsieur le marquis, vous prétendez que je suis laid !... que je suis rouge !... et que si je me marie, j'aurai des désagrémens intérieurs et même exté..... Eh bien ! tant mieux !... j'aurai cet honneur-là de commun avec vous, tout marquis, tout riche, tout brun que vous soyez !... ça marche, ça marche comme sur des roulettes.

MARIETTE, qui a entendu les derniers mots.

Quoi donc ? monsieur Rouget... qu'est-ce qui marche sur des roulettes ?... hein ?... répondez donc ?...

ROUGET.

Oh ! rien... rien... quelque chose qui m'est personnel... une satisfaction que je me procure à moi-même.

MARIETTE.

Encore quelque méchanceté peut-être ?... Est-ce qu'on aurait raison de dire que vous êtes méchant comme...

ROUGET, sautant par la fenêtre.*

Allez toujours, comme un... dites le mot... ça ne me fâchera pas... rien ne me fâche, dans votre charmante bouche, ô mon aimable future !... Je pourrais presque dire ma petite femme, au point où nous en sommes; puisque c'est demain nos noces... Mariette... demain notre doux hymen ! .. et...

MARIETTE.

Eh ! mon Dieu !... pourquoi nous presser autant ?...

ROUGET.

Oh ! elle le demande ! mais je suis pressé pour deux raisons... primo d'abord pour...

MARIETTE, vivement.

Monsieur Rouget !...

(Elle baisse les yeux.)

ROUGET.

Faut pas rougir et baisser les yeux pour ça... Mariette ! il n'y a rien de risqué dans l'aveu que je vous fais... et, au point où nous en sommes, on peut bien se permettre...

MARIETTE, lui frappant sur les doigts.

Rien du tout !

ROUGET.

Deuxiemement !... M. le marquis, absent depuis un mois, ne peut pas tarder à revenir, et je désire que nous soyons unis avant son retour.

* Mariette, Rouget.

MARIETTE.

Parce que?

ROUGET.

Parce qu'il prend plaisir à retarder notre mariage, sous le prétexte ridicule que...

MARIETTE.

Que... quoi?

ROUGET.

Je ne peux pas vous dire ça.

MARIETTE.

Ah! vous m'impatientez avec vos mystères!

ROUGET, cherchant ses mots.

Sous le prétexte ridicule que... une fois marié... je ne peux pas manquer de... on n'a pas besoin de cousins pour ça... M. le marquis vous calomnie, et, au lieu de prédire ces choses-là aux autres, il ferait mieux de songer à s'en garantir aussi... ça lui vient bien... (Il va à la fenêtre.) Ça chauffe... je suis ravi!

MARIETTE, à part.

Il paraît qu'il se doute aussi...

ROUGET, revenant, et fouillant dans sa poche.

Ah! j'oubliais... le plus essentiel.

AIR de Julie.

Deux époux dans le mariage
Mutuellement portent leurs fers...
Pour moi, les vôtres, je le gage.
Seront de fleurs et vont m'être bien chers!
Mariett'... je crois que sans peine,
Vous porterez mes fers aussi;
Car ils seront d'or, et voici
Le premier anneau de la chaîne.

MARIETTE, ouvrant l'anneau.

Rouget... Mariette...

ROUGET.

Et deux cœurs enflammés.

MARIETTE.

C'est qu'il est charmant...

ROUGET.

Je suis assez gentil?

MARIETTE.

Non, l'anneau.

ROUGET.

L'anneau aussi... je crois bien! il est pareil à celui de Mme la marquise!... (A part.) Il m'a coûté un louis!... rien que ça!...

MARIETTE, le mettant à son doigt.

Ah! c'est bien aimable!... (Prenant la cravate.) Moi, de mon côté, je pensais aussi à vous.

ROUGET.

A moi?... quoi?... vous?... Ah! cela me le fait battre...   (Il met la main sur son cœur.)

MARIETTE, lui présentant la cravate.

Oh! je la finirai pour demain... quand je devrais passer la nuit...

ROUGET.

Chut!...

MARIETTE.

Quoi donc?

ROUGET, montrant son cœur.

Mettez un peu votre oreille ici?

MARIETTE, se penchant.

Eh bien?

ROUGET.

Avez-vous entendu beaucoup d'horloges faire ce train-là?... (Il l'embrasse.) Voilà les ravages que vous m'occasionnez, Mariette...

MARIETTE, vivement.

Chut!... j'entends madame.

(Elle remonte la scène.)

SCÈNE IV.

LES MÊMES, HORTENSE, ALFRED, entrant
par le fond.

HORTENSE.

Non, Alfred; vous avez tort d'insister.

ROUGET, à part.

Il paraît qu'il insiste.

HORTENSE.

Ce que vous me demandez est impossible!

ROUGET, à part.

Oh! si ce n'est qu'impossible!

HORTENSE, apercevant Mariette.

Ah! Mariette... point de nouvelles de Paris?...

MARIETTE.

Non, madame.

HORTENSE, avec chagrin.

Ah!... (A Mariette.) C'est bien... laissez-nous.

(Mariette et Rouget sortent.)

SCÈNE V.

HORTENSE, ALFRED.

HORTENSE.

Huit jours sans nouvelles!

ALFRED.

Une telle négligence est impardonnable; mais elle ne m'étonne pas. Le marquis est un ingrat.

HORTENSE.

Je ne puis pas... je ne veux pas vous croire.

ALFRED.

En vérité, chère cousine, je ne vous comprends pas... renoncer à un plaisir certain et bien innocent!...

HORTENSE.

J'y renonce!

ALFRED.

Un fête admirable.

HORTENSE.

Je le sais.

ALFRED.

La plus belle que la cour ait donnée depuis long-temps !

HORTENSE.

N'augmentez pas mes regrets... c'est peu charitable.

ALFRED.

Allons... un beau mouvement... sonnez votre femme de chambre, demandez votre toilette, moi, je vous laisse, et, dans un quart-d'heure, je suis à la porte du parc avec ma voiture.

HORTENSE.

Non... non... non !...

ALFRED.

Vous me désolez !

HORTENSE.

Et mon mari, monsieur !... que dirait-il ? lui qui est si jaloux, s'il apprenait qu'en son absence et sans sa permission...

ALFRED.

Puisqu'il ne vient pas tenir la promesse qu'il vous avait faite de vous conduire à ce bal... D'ailleurs, je vous conseille de le plaindre...

HORTENSE.

Oui. certes, je le plains... s'il reste à Paris, c'est parce que des travaux sur l'organisation de son régiment le retiennent auprès du ministre... Sans cela, il serait déjà auprès de moi.

ALFRED.

Vous croyez cela ?

HORTENSE.

Comment en douter ?

AIR de Brodequins de Lise.

Ne venait-il pas me dire,
Me répéter chaque jour,
Que, soumis à mon empire,
Son cœur était sans nul détour ?
A ce départ, je dus souscrire ;
Mais pour attendre le retour,
Dans ses lettres, je puis lire
Les sermens de son amour ;
Car ce qu'il ne peut me dire,
Il me l'écrit chaque jour !

ALFRED, souriant.

Heureuse confiance ! douce illusion !

HORTENSE, inquiète.

Que voulez-vous dire ?

ALFRED.

Oh ! rien... vous ne voulez pas me croire.

HORTENSE.

Vous vous plaisez à me tourmenter... Mais parlez-donc plus clairement, monsieur ?... dites ce que vous savez ?

ALFRED.

On se sera trompé, et la lettre que j'ai reçue...

HORTENSE.

Une lettre ?

ALFRED.

D'Octave... un mauvais sujet de mes amis.

HORTENSE, le regardant.

Ah ! de vos amis ?

ALFRED, se reprenant.

Je veux dire un de mes camarades... un officier qui est à Paris...

HORTENSE.

Et cet officier vous écrivait ?...

ALFRED.

Des folies...

HORTENSE.

Mais enfin ?

ALFRED.

Que les occupations du colonel n'étaient pas... aussi sérieuses qu'il voulait bien le dire... et que pendant que vous mouriez d'ennui à Fontainebleau... ce cher marquis...

HORTENSE.

Il serait vrai...

ALFRED, à part.

Elle y vient.

HORTENSE.

Alfred, mon cousin, vous tenez beaucoup à ce que j'aille ce soir au bal ?... Eh bien ! cette lettre dont vous parlez, montrez-là moi ?

ALFRED.

Et vous viendrez ?

HORTENSE.

Peut-être !

ALFRED.

Mais...

HORTENSE.

La lettre, monsieur, la lettre...

ALFRED.

La voici... Vous voyez ? de Paris.

HORTENSE, pensive.

De Paris !

ALFRED, à part.

Mon valet de chambre l'y a mise à la poste, il y a deux jours.

HORTENSE.

Mon Dieu !... je suis toute tremblante !

ALFRED.

Croyez-moi, ma cousine... ne lisez pas...

HORTENSE.

Oh ! le doute serait maintenant plus cruel. (Lisant.) « Mon cher Alfred... »

ALFRED.

Plus loin... au bas de la page...

HORTENSE, lisant.

« Ainsi que je te l'écrivais, il y a huit jours, » ton grave cousin, le colonel de Lucy... » Ah ! votre ami vous avait déjà écrit ?...

ALFRED.

Plusieurs fois... et j'aurais dû vous cacher...

HORTENSE.

« De Lucy s'est enfin laissé prendre aux filets » de la charmante baronne... Celle-ci, fière d'un

» si beau triomphe , se montre en tous lieux avec
» son nouvel esclave... Hier encore, au bal de
» l'Opéra... » (Mouvement de dépit jaloux.) Ah !...

ALFRED, reprenant la lettre.

Assez... assez ma cousine...

HORTENSE, à elle-même.

Voilà ces occupations si nombreuses... ces nuits
consacrées au travail!... Et j'ai cru tout cela !

ALFRED.

J'ai eu tort peut-être de vous montrer... mais
comment se taire , en voyant une cousine *si jolie*,
si digne d'être aimée, se condamner à l'ennui... à
la solitude, pendant qu'on l'oublie... (Elle sonne.
A part.) Je triomphe !

HORTENSE.

AIR des *Filles à marier*.

Quand seule ici je pleurais son absence,
Là-bas, monsieur, passait ses nuits au bal.

ALFRED.

Tromper ainsi sa femme, son Hortense!...

HORTENSE.

Tremblez, marquis ! ce complot déloyal,
Pourrait un jour vous devenir fatal !
Je déjouerai ces odieuses trames...

ALFRED.

Et je veux, moi, seconder vos desseins
En vous aidant à bannir vos chagrins !

HORTENSE.

Pour m'approuver, j'aurai toutes les femmes !

ALFRED, à part.

Pour m'applaudir, j'aurai tous les cousins !

(Elle sonne à plusieurs reprises.)

SCÈNE VI.

LES MÊMES , MARIETTE , puis ROUGET.

MARIETTE, accourant.

Ah! mon Dieu!... madame serait-elle indisposée ?...

HORTENSE.

Vite, Mariette, mes bijoux, mon domino, et
venez me rejoindre dans ma chambre.

MARIETTE.

Madame va au bal ?

HORTENSE.

Apparemment.

MARIETTE.

Avec monsieur ?

HORTENSE.

Mais allez donc !

MARIETTE, à part.

Au bal... avec lui!...

(Elle rentre à gauche.)

HORTENSE, à Alfred.

Votre tante et votre sœur seront avec nous,
n'est-ce pas ?

ALFRED.

Certainement... Vous êtes charmante !

(Il lui baise la main.)

ROUGET, paraissant au haut de l'échelle.

Ah !

ALFRED.

Hein ?

ROUGET.

Madame a sonné ?

ALFRED, se retournant.

Qu'est-ce donc ?

ROUGET.

Je dis : Madame a sonné ?

HORTENSE.

Que voulez-vous ?... que faites-vous là ?

ROUGET.

Je venais pour retirer cette échelle, quand j'ai
entendu sonner... derin din din... derin din din !...
J'ai pensé que ça... pressait... et, pour aller plus
vite...

HORTENSE.

C'est bien... je n'ai plus besoin de vous... Allez... (A Alfred.) Ne me faites pas attendre ?

ALFRED.

Je serai ici dans dix minutes !

ROUGET, prêt à descendre.

Oh ! un rendez-vous !

HORTENSE et ALFRED.

AIR.

En vous j'ai confiance.
Revenez
Je reviens   dans l'instant.
Quelle douce espérance :
Le plaisir nous attend !

(Hortense rentre chez elle.)

ALFRED, à lui-même.

Victoire!... elle est à moi !... Ah! mon cher
cousin... vous profitez de mon séjour à l'armée
pour m'enlever la femme que j'aimais!... eh bien!
je me venge... c'est de bonne guerre !

(Il sort.)

SCÈNE VII.

ROUGET, seul, quittant la fenêtre.

Dans dix minutes... ça va un train de poste !...
Ah! monsieur le marquis... ça va vous apprendre
à avoir des idées humiliantes dessus moi... rapport à ma femme... quand j'en aurai une!... « ne
te marie pas... quand on est laid comme toi... on
est sûr de son affaire!... » Ah! ah! ah!... c'est pas
que je veuille du mal à mon maître, au moins...
il courerait un danger, un autre danger, que je
serais le premier... mais ça!... c'est différent...
J'en vois tous les jours qui ont des mines de cha-

noines... et qui boivent... et qui mangent... et qui dorment !..., ah ! les gaillards !... comme ils dorment !...   (On sonne chez Hortense.)

ooooooooooooooooooooooooooooooooooooooooooooooooooo

SCÈNE VIII.

ROUGET, MARIETTE, avec un domino sur les bras et une boîte de bijoux a la main.

ROUGET, arrêtant Mariette.
Qu'est-ce que c'est que tout ça ?
MARIETTE, bas, avec mystère.
Madame va au bal !...
ROUGET.
Au bal !
MARIETTE.
Avec son cousin !
ROUGET.
Bon ! bon !... le rendez-vous, dans dix minutes !
MARIETTE.
Ne me retenez pas... je suis pressée.
ROUGET.
Ah ! attendez !... car vrai, quand je vous vois, Mariette, j'oublie jusqu'à ma mémoire.
MARIETTE.
Après... Voyons, qu'est-ce qu'il y a ?
ROUGET,
Il y a une lettre pour madame...
MARIETTE.
Une lettre de monsieur ?
ROUGET.
Ça vient d'arriver... Mais faut pas en parler ce soir, ça l'empêcherait peut-être d'aller se distraire, et...
MARIETTE.
Tant mieux !... Madame ?...

ooooooooooooooooooooooooooooooooooooooooooooooooooo

SCÈNE XI.

LES MÊMES, HORTENSE.*

HORTENSE.
Allons donc, Mariette, que faites-vous ?
MARIETTE.
Une lettre... de Paris, madame.
HORTENSE, avec empressement
De mon mari !... Où est-elle ?...
MARIETTE.
Donnez donc, Rouget.
ROUGET, donnant la lettre.
Voilà, madame la marquise. (A part.) J'ai parlé trop tôt !
MARIETTE, à part.
Si ça pouvait la faire changer d'idée...
(Elle pose le domino et les bijoux sur une chaise.)

* Hortense, Mariette, Rouget.

HORTENSE, lisant.
« Enfin, chère amie, mes affaires sont termi-
» minées ; j'espère partir dès ce soir, et bientôt je
» serai près de mon Hortense, dont rien désormais
» ne pourra me séparer... J'ai trop souffert loin
» d'elle !... »
ROUGET, au fond, à Mariette.
Je voudrais bien savoir ce qu'il y a dans la lettre.
MARIETTE, à Rouget.
Taisez-vous donc !
HORTENSE, pensive.
« J'ai trop souffert loin d'elle !... » Mais ce que m'a dit Alfred... et cette lettre qu'il m'a montrée...
ROUGET.
Elle n'a pas l'air charmée.
MARIETTE, lui mettant la main sur la bouche.
Mais taisez-vous donc !
HORTENSE.
Au fait ! il s'est peut-être repenti... en pensant à moi, qu'il laissait ici toute seule... O mon Dieu, que croire, que penser... que faire ?... c'est fort embarrassant...

AIR : J'en guette un petit de mon âge.

De sa froideur, de son indifférence,
J'ai pu vouloir un instant le punir;
Mais dois-je encore poursuivre ma vengeance ?...
Non, je pourrais plus tard m'en repentir.
Pardonnons tout dans un doute semblable ;
Car pour mon cœur, quel remords accablant !
Si par erreur je frappais l'innocent ,
En croyant punir le coupable !

(Haut.) Mariette ?
MARIETTE, approchant.
Madame ?...
HORTENSE.
Je ne m'habillerai pas.
MARIETTE.
Comment ? madame, ce bal...
HORTENSE.
Je n'irai pas !
ROUGET, toujours au fond.
Son mari le lui défend... elle est vexée !... Si l'autre venait, maintenant il aurait des chances...
HORTENSE.
Rouget ?
ROUGET, approchant.
Madame !
HORTENSE.
Allez attendre M. Alfred à la porte du parc... et lorsqu'il se présentera, vous lui direz... que je suis indisposée... que je souffre beaucoup... une migraine... enfin qu'il m'est impossible de le recevoir.
ROUGET, à part.
Impossible !... elle appuie sur le mot... C'est louche !

HORTENSE.

Allez, Rouget, allez, mon ami.

ROUGET, à part.

Son ami!... elle m'adule... elle me mijote, pour
me capter!

HORTENSE.

Allez... et n'oubliez pas mes recommandations.

ROUGET.

La migraine... impossible de le recevoir!... (A
part.) Croyez ça... Ah! ce pauvre marquis!... lui
qui s'amuse à prédire aux autres... Heureusement,
je suis ferré... (En passant près de Mariette.) Bonne
nuit, mam'selle Mariette... faites de jolis petits
songes! (Il sort par le fond.) Pensez à moi!

SCÈNE X.

MARIETTE, HORTENSE.

HORTENSE, qui a relu sa lettre.

Que cette nuit me semblera longue!... (A Mariette.) Quelle heure est-il, Mariette?

MARIETTE.

Onze heures bientôt, madame.

HORTENSE.

Allons, patience! (Elle va pour rentrer et s'arrête
devant son domino.) Cette toilette... je ne l'aurai
pas même essayée!... et pendant que je me sacri-
fie ainsi, lui peut-être... Pourquoi cette pensée me
vient-elle encore?...

MARIETTE, à part.

Est-elle contente?... est-elle chagrine?...
Je n'y conçois rien.

HORTENSE.

Oh! non, non!... et pour chasser tout à fait ces
craintes involontaires, allons relire ses lettres.

(Elle ouvre sa porte.)

MARIETTE.

Madame a-t-elle besoin de mes services?

HORTENSE.

Non, Mariette... non, mon enfant... Je veux
être seule... à demain... Ah! tu sais que je veux
signer à ton contrat?

MARIETTE.

Madame est bien bonne.

HORTENSE.

A demain, Mariette.

ENSEMBLE.

AIR : Allons, sans tarder d'avantage (l'Aveugle et son
bâton.)

HORTENSE.

Va, que ton sommeil se prolonge;
Car au bonheur tu dois rêver.
Et plaise au ciel, que comme en songe,
Tu puisse bientôt le trouver.

MARIETTE.

Oui, que mon sommeil se prolonge;

Car au bonheur je dois rêver.
Et plaise au ciel, que comme en songe,
Je puisse bientôt le trouver.

(Hortense rentre chez elle.)

SCÈNE XI.

MARIETTE, seule.

C'est la lettre du mari qui aura fait changer
d'idée à madame... tant mieux!... et le cousin va
être vexé... tant mieux encore!... (Écoutant.) Ah!
voilà Rouget qui fermé la grille... le cousin aura
reçu son compliment!... je le vois d'ici... je suis
sûre qu'il frappe du pied... ah!... morbleu!...
corbleu... palsambleu!... c'est bien fait, et je suis
très contente!... Allons, il faut serrer tout ça...
(Elle regarde les bijoux.) Quelle jolie parure! si je
l'avais pour demain... que de bonnes âmes ça ferait damner!... (Elle va regarder à gauche.) Madame
est retirée dans sa chambre... je suis seule... (Elle
met le collier.) Oh! comme ça fait bien!... oh!
comme ça vous donne tout de suite un petit air de
marquise!... (Elle prend les boucles d'oreilles.) Pendant que j'y suis... autant voir tout à fait... ça ne
coûte pas d'avantage... (Elle les met et se regarde.)
Ah! Dieu!... je m'aimerais t'y comme ça... si
j'étais homme!... ma foi, oui!... et il me semble
que M. Rouget n'est pas si à plaindre... Mais
quel malheur que je ne puisse pas aller à ce bal à
la place de madame!... (Elle regarde le domino.)
Nous autres, pauvres filles, nous n'avons jamais le
plus petit plaisir!... (Elle met le domino.) On dirait
qu'il a été fait pour moi... (Elle met le capuchon.)
Je ne sais pas si j'y vois mal...

AIR de Thérèsa des Broquins de Lise.

Ah! vraiment,
C'est charmant!
Sous cette parure,
Oui, chacun, d' ma tournure,
Doit être content.
Ce costum' gracieux,
Je dout' que bien mieux,
Madame le porte.
Mais sous ce masque noir,
On n' doit pas pouvoir
Respirer... N'importe!

(Elle met le masque, va se regarder, recule effrayée,
ôte le masque et regarde autour d'elle.)

Ciel! qu'est-ce que je vois?
La peur, malgré moi,
Se gliss' dans mon âme...

(Riant.)

Que j' suis sott' pourtant,
En me regardant,
J'ai cru voir madame.

C'est que pour elle, en effet,
On m' prendrait.

Ah ! comme je m'amuserais, si j'étais au bal !... j'intriguerais M. le vicomte... (Elle remet son masque.) Je lui dirais : « Bonsoir, beau masque !... c'est bien mal de profiter de l'absence du marquis pour venir faire la cour à ma maîtresse.,. » Non... il me reconnaîtrait !...

REPRISE.

Ah ! vraiment, etc.

(Elle s'arrête et écoute.) J'ai entendu du bruit sous cette fenêtre. Rouget aura vu de la lumière en faisant sa ronde... Je le connais, il est curieux... je vais joliment l'attraper.   (Nuit.)

ooooooooooooooooooooooooooooooooooooooooooooooooooo

SCÈNE XII.

MARIETTE, ALFRED.

ALFRED.

C'est bien elle ! (Mariette souffle la bougie.) Elle éteint la lumière !

MARIETTE, vivement.

Hein ! on a parlé ?...

ALFRED, escaladant la fenêtre.

Elle veut m'échapper !

MARIETTE.

C'est M. le vicomte !

ALFRED.

Hortense... chère cousine...

MARIETTE, à part.

Oh ! il me prend pour madame... Vite, tâchons de gagner ma chambre (Elle se heurte contre Alfred.) Je suis prise !

ALFRED.

Pourquoi me fuir ?

MARIETTE, à part.

Si je sais quoi dire, par exemple...

ALFRED.

Cette impossibilité subite de me recevoir... cette migraine... tout cela joint à un certain air moqueur de Rouget, m'a semblé si extraordinaire, qu'après avoir feint de m'éloigner, je suis revenu sur mes pas et je me suis glissé dans le jardin...

MARIETTE, à part.

Voyez-vous l'hardiesse !

ALFRED.

Arrivé sous cette fenêtre, j'ai vu se dessiner une ombre que mon cœur a reconnu tout de suite !

MARIETTE, à part.

Il est bien tombé !

ALFRED.

J'ai voulu vous voir, vous demander l'explication de votre conduite... Répondez, de grâce, que dois-je penser... que dois-je croire ?...

MARIETTE, à part.

S'il pouvait me lâcher !

ALFRED, à part.

Sa voix tremble... elle est émue... profitons de mes avantages !... (Haut.) Chère cousine !...

MARIETTE, à part, effrayée.

Ah ! mon Dieu !...

ALFRED.

Je ne puis garder plus long-temps un secret que mes yeux vous ont déjà révélé... je vous aime de toutes les forces de mon âme !...

MARIETTE, à part.

Il paraît qu'il ne l'avait pas encore dit...

ALFRED.

Et j'avais cru pouvoir espérer que votre cœur comprendrait les souffrances du mien, qu'il en aurait pitié !...

MARIETTE, s'éloignant un peu.

C'est qu'il a la voix bien plus douce que Rouget.

ALFRED, se rapprochant.

Ce que je vous demande est si peu de chose...

MARIETTE, à part.

Qu'est-ce qu'il demande donc ?

ALFRED.

Une nuit au bal.

MARIETTE, à part.

Au fait !...

ALFRED.

Que craindriez-vous ?... personne ne pourra soupçonner votre présence... sous le masque, toutes les femmes se ressemblent, et je défie qu'on vous reconnaisse.

MARIETTE, à part, en souriant.

Pas même lui !...

ALFRED.

Seuls, tous deux au milieu de la foule, je ne verrai que vous... je ne penserai qu'à vous... je presserai contre mon cœur cette main délicieuse, cette taille enchanteresse...

MARIETTE, s'éloignant encore.

Ça doit-il être gentil de s'entendre dire de ces choses-là... quand c'est pour soi !...

ALFRED, se rapprochant.

AIR : Je serai votre épouse.

Quel moment
Enivrant !
Consentez...

MARIETTE, à part.

Ah ! vraiment,
C'est tentant ;
Mais qu' dirait Rouget,
S'il le savait ?

ENSEMBLE.

O bonheur ! .
Je sens battre mon cœur :
Quel moment enchanteur !
Mais ça me fait peur !

ALFRED.

Avant de partir, si j'osais encore...

MARIETTE, à part.

Que va-t-il oser ?
Ravir un baiser
Sur ce cou charmant que mon cœur adore.
Je serai discret !...

MARIETTE.

(*Parlé.*) Monsieur !...

(Alfred l'embrasse malgré elle.)

(A part.)

Qu' dirait Rouget,
S'il le savait !

REPRISE DE L'ENSEMBLE.

ROUGET, dans la coulisse.

Prenez la rampe, monsieur le marquis, l'escalier est sombre.

MARIETTE, à part.

Ciel !

ALFRED.

Diable !

MARIETTE, à part.

C'est la voix de Rouget !

ALFRED, à lui-même.

C'est Rouget qui parle au marquis... Que Satan les confonde !...

MARIETTE, à part.

Je suis plus morte que vive !

ALFRED, qui a cherché la fenêtre.

L'échelle est enlevée !... impossible de fuir... Ah !... cette porte !... (Revenant à Mariette et lui prenant la main.) Rentrez chez vous, Hortense ; mais, en partant, laissez-moi cet anneau que je dérobe à votre main, et qui me rappellera l'instant le plus doux de ma vie !   (Il l'embrasse.)

MARIETTE, à part.

Il m'embrasse !... Ah ! mon anneau !... (Haut.) Mais, monsieur...

ALFRED.

Adieu !... adieu !...

(Il se jette dans l'appartement de droite et ferme la porte.)

MARIETTE.

Comment ! il entre chez monsieur !... Ah ! ma foi, sauvons-nons !

(Elle rentre dans sa chambre.)

ALFRED, reparaissant.

J'oubliais !...

(Il prend son chapeau ; puis il rentre ; mais Rouget paraît, et aperçoit le vicomte qui ferme la porte.)

ꝏꝏꝏꝏꝏꝏꝏꝏꝏꝏꝏꝏꝏꝏꝏꝏꝏꝏꝏꝏꝏꝏꝏꝏꝏꝏꝏꝏ

SCÈNE XIII.

LE MARQUIS, ROUGET.

ROUGET, à lui-même.

Il est là !

LE MARQUIS, entrant.

Hein ?... que dis-tu ?...

ROUGET, se frottant la jambe.

Je dis : Ho ! là ! là !... je me suis heurté en entrant.

LE MARQUIS.

Ne crie donc pas si fort, animal !... tu vas réveiller ma femme.

ROUGET, d'un air moqueur.

Oh ! je suis bien sûr que madame ne dort pas encore.

LE MARQUIS.

Allons donc !... il est plus de minuit !

ROUGET, à part.

Toutes les portes sont fermées au verrou... il est traqué comme un renard !...

LE MARQUIS, après avoir retiré son manteau.

Enfin me voilà donc chez moi !... Ah ça ! comment se fait-il que je t'aie trouvé debout ?

ROUGET.

Je faisais ma ronde d'habitude.

LE MARQUIS.

C'est bien, mon garçon... j'aime à voir qu'en mon absence, tu fais bonne garde.

ROUGET, d'un air malin.

Oh ! soyez tranquille, monsieur le marquis... je vois... tout ce qui se passe chez vous...

(Il prête l'oreille à droite.)

LE MARQUIS.

Tâche d'en faire autant chez toi... quand tu seras marié...

ROUGET.

Ne craignez rien, je suis ferré...

LE MARQUIS.

C'est égal, avec ce physique-là, le plus sûr est de ne pas te marier.

ROUGET, à part.

Bon, v'là que ça recommence ! (Haut.) Ça sera pourtant une affaire faite demain, monsieur le marquis.

LE MARQUIS.

Ah bah ! tu épouses...

ROUGET.

Mariette !...

LE MARQUIS.

Pouf !... ah ! pauvre garçon, va... tu m'intéresses !... ah ! ah ! ah !

ROUGET, à part.

Oui, oui... rira bien qui ri...

LE MARQUIS, s'approchant.

Comment ?

ROUGET.

Plaît-il ?

LE MARQUIS.

Tu as parlé ?

ROUGET. embarrassé.

Moi ?... Ah ! oui... je... je me disais comme ça, c'est drôle... monsieur qui arrive au beau milieu de la nuit...

LE MARQUIS.
Tu ne m'attendais pas... hein ?

ROUGET.
C'est vrai que... on ne vous attendait pas !...

LE MARQUIS.
Je voulais surprendre ma femme...

ROUGET.
Voilà une bonne idée...

LE MARQUIS.
Je brûlais le pavé pour arriver à temps !...

ROUGET.
Oui, au bon moment !...

LE MARQUIS.
Par malheur, il est trop tard !

ROUGET.
Je le crois... je le crois...

(Il se détourne pour rire.)

LE MARQUIS.
Pauvre Hortense !... je lui avais si bien promis de la mener au bal de la cour !... sans ma maudite voiture qui s'est brisée à quatre lieues d'ici...

ROUGET.
Oh ! c'est fait pour les maris, ces accidens-là !...

LE MARQUIS.
Ce qui m'a causé un retard de plus d'une heure... aussi, je suis exténué et de plus je meurs de faim !...

ROUGET, à part.
Tous les agrémens à la fois. (Haut.) Eh bien ! si monsieur allait se coucher...

LE MARQUIS.
Sans souper ?... Tu plaisantes.

ROUGET.
On servirait monsieur dans son appartement.

LE MARQUIS.
Je suis très bien ici... Va me chercher ce que tu trouveras dans l'office.

ROUGET.
Oui, monsieur... et je vous le porterai... chez vous, n'est-ce pas ?...

LE MARQUIS.
Mais vas donc !

ROUGET.
Ah ! Dieu ! vous seriez si bien dans votre chambre !

LE MARQUIS, à lui-même.
Ah ça ! mais... je le gêne donc ici ?

ooooooooooooooooooooooooooooooooooooooooooooooooooo

SCÈNE XIV.

Les mêmes, MARIETTE.

MARIETTE.
Eh bien ! Rouget, qu'y a-t-il ?... Est-ce que madame aurait sonné sans que je l'entende ?

ROUGET.
Eh ! non... c'est M. le marquis que voilà arrivé.

MARIETTE, jouant la surprise.
M. le marquis est de retour !... Quel bonheur !

LE MARQUIS.
Bonjour, Mariette... bonjour, mon enfant !

MARIETTE.
Oh ! comme madame va être contente !... Mais je pense que monsieur ne va pas rester dans ce salon ?

LE MARQUIS, surpris.
Hein ! comment ! elle aussi ?

ROUGET.
Monsieur va rentrer chez lui bien tranquillement.

MARIETTE.
Monsieur va aller chez madame...

ROUGET.
Madame a la migraine... faut la laisser dormir.

MARIETTE.
Du tout, madame se porte très bien, et elle me grondera si je ne vais pas l'avertir.

ROUGET.
Ne l'écoutez pas, monsieur... rentrez chez vous.

MARIETTE.
Ne faites pas attention à ce qu'il dit... entrez chez madame.

LE MARQUIS, à part.
Ah ça ! mais c'est trop fort... celui-ci veut que j'aille d'un côté... celle-là veut que j'aille de l'autre... il y a un mystère là dessous. (Haut, et observant Rouget et Mariette.) Allons, décidément, j'irai m'informer de la santé de ma femme.

MARIETTE, à part.
Ah ! il pourra s'échapper !

LE MARQUIS.
Et puis ensuite, je rentrerai chez moi.

ROUGET, à part.
Bon !... il ne se sauvera pas !

LE MARQUIS, à part.
J'en étais sûr... il y a quelque chose... (Haut.) Eh bien ! Rouget... ce souper...

ROUGET.
J'y vas, monsieur, j'y vas...

(Rouget sort ; Mariette aussi. Le marquis l'arrête.)

MARIETTE.
Et moi je vais avertir madame.

ooooooooooooooooooooooooooooooooooooooooooooooooooo

SCÈNE XV.

MARIETTE, LE MARQUIS, puis ROUGET.

LE MARQUIS, sévèrement.
Demeure ; j'ai à te parler...

MARIETTE, à part.
Oh ! mon Dieu ! cet air...

LE MARQUIS.

Tu sais que j'aime la franchise ; dis-moi ce qui
se passe ici d'extraordinaire.

MARIETTE, embarassée.

Mais, monsieur le marquis... il n'y a rien... je
ne sais rien. (A part.) Oh! là! là! seigneur!...

LE MARQUIS.

On ne me trompe pas facilement, et j'ai vu tout
d'abord à ton air et à celui de Rouget...

MARIETTE, s'oubliant.

Lui aussi se douterait ?...

LE MARQUIS.

A la bonne heure! tu n'est pas accoutumée à
mentir, et la vérité t'échappe au premier mot...
Voyons, ne tremble pas... Rouget n'est donc pas
du secret?

MARIETTE, très troublée.

Oh! non! et je vous jure, monsieur le marquis,
que je suis innocente... quoique les apparences
soient contre moi... et M. le vicomte pourra vous
dire...

LE MARQUIS, tressaillant.

Le vicomte!... le cousin d'Hortense!... il serait
possible!...

MARIETTE.

Chut! il est là.

(Elle désigne la chambre de droite.)

LE MARQUIS, comprenant.

Lui!... (A part.) Ah! quel soupçon!

ROUGET, entrant, un plateau à la main.

Voilà le souper de monsieur.

(Il le pose sur la table.)

LE MARQUIS.

Va-t'en au diable avec ton souper!

ROUGET, stupéfait.

Hein?... plaît-il?... monsieur ne soupe pas?...

LE MARQUIS.

Non, te dis-je... va-t'en... laisse-nous... J'é-
touffe!... (Il se promène agité.) Mais que faire?...
un éclat, du scandale!...

ROUGET, bas, à Mariette.

Qu'est-ce qu'il a donc?...

MARIETTE.

Je ne sais...

ROUGET, à part.

Il aura deviné!...

LE MARQUIS, à lui-même.

Non... non... sachons tout d'abord. (A Rouget,)
Tu es encore là!...

ROUGET, à part.

Ça chauffe... ça chauffe!...

ENSEMBLE.

Air du morceau d'ensemble.

LE MARQUIS, à part.

Ah! vraiment, c'est affreux!
J'en fais serment, j'aurais sa vie.
De cette perfidie,

Je saurai les punir tous deux!

ROUGET, à part.

Il enrage, tant mieux!
A mon tour, il faut que je rie.
Bientôt, de jalousie,
Il va devenir furieux!

MARIETTE, à part.

Il a l'air furieux!
Que faire, hélas! de ma folie,
Je crains d'être punie.
S'il trouv' le vicomte en ces lieux.

(Rouget va pour sortir; mais il change d'idée, et se
glisse dans la chambre à droite.)

SCÈNE XVI.

LE MARQUIS, MARIETTE.

LE MARQUIS, éclatant.

La vérité, Mariette... je la veux... je l'exige!...

MARIETTE, à part.

Si je parle, madame est perdue... si je dis la
vérité, je suis chassée peut-être... et Rouget,
qu'est-ce qu'il dira?

LE MARQUIS, s'arrêtant.

Eh bien! parlerez-vous?... Comment se fait-il
que le vicomte soit ici... chez moi... à pareille
heure de la nuit?...

MARIETTE.

Je vous en prie, monsieur, ne vous fâchez
pas...

LE MARQUIS, élevant la voix.

Pour qui est-il venu, si ce n'est pour...

MARIETTE.

Chut! par grâce, monsieur... pas si haut!... si
quelqu'un...

LE MARQUIS.

Eh! que m'importe!...

MARIETTE, à part.

Ah! quelle idée! si j'osais... Oui, c'est cela.

LE MARQUIS.

Eh bien!...

MARIETTE, avec hésitation.

Vous qui êtes si généreux... si bon... vous ne
voudriez pas perdre une pauvre fille!

LE MARQUIS, étonné.

Hein?... que dis-tu?... te perdre?...

MARIETTE.

Oui, monsieur, oui... car si Rouget vous en-
tendait...

LE MARQUIS.

Rouget?...

MARIETTE.

C'est demain que nous signons notre contrat.

LE MARQUIS.

Mais quel rapport peut avoir le vicomte...

MARIETTE.

Un grand rapport. Depuis plus de quinze jours,

il me poursuit partout... Je n'avais garde de l'écouter... mais il était si vif... et puis, il me menaçait de faire un malheur... et dam ! moi qui avais peur pour Rouget... j'ai craint de l'irriter... si bien qu'hier au soir... madame venait de rentrer chez elle... pour relire vos lettres, monsieur, et songer à vous...

LE MARQUIS, hésitant.

Il serait vrai !...

MARIETTE.

Oh ! oui, monsieur... (A part.) Ça prend... ça prend. (Haut.) Moi, j'allais rêver à la cérémonie de demain... quand tout à coup... v'lan !... la fenêtre s'ouvre... c'était lui !...

LE MARQUIS.

Qui ?... Rouget ?...

MARIETTE, baissant les yeux.

Mon Dieu non !... l'autre !...

LE MARQUIS, souriant.

Ah ! oui...

MARIETTE.

Ça m'a fait une peur !

LE MARQUIS.

Il fallait appeler... le forcer à s'éloigner.

MARIETTE.

Je ne pouvais pas... j'étais trop saisie... et puis... réveiller madame, attirer Rouget... lui faire changer d'idée peut-être... j'ai pensé qu'il valait mieux employer la douceur... J'étais donc en train de supplier M. le vicomte de s'en aller bien vite, lorsque nous avons entendu votre voix, celle de Rouget... il n'a eu que le temps de se jeter dans votre appartement... pendant que je me dépêchais de regagner ma chambre. (A part.) Ouf !

LE MARQUIS, souriant.

Comment ! c'était pour toi...

MARIETTE.

Oui, monsieur le marquis...

LE MARQUIS.

Cette fenêtre escaladée... au milieu de la nuit ?... c'était...

MARIETTE.

Oui, monsieur le marquis.

LE MARQUIS, éclatant de rire.

Ah ! ah ! ah ! ce malheureux Rouget... lui qui, tout à l'heure encore, se disait ferré !... et pendant ce temps, il faisait sa ronde de crainte des voleurs... Je lui avais prédit que ça lui arriverait... ah ! ah ! ah !...

MARIETTE, à part.

Si ça pouvait passer comme ça !...

∘∘∘

SCÈNE XVII.

LES MÊMES, HORTENSE.

HORTENSE.

Mon ami !

LE MARQUIS.

Chère Hortense ! (Il l'embrasse.) Vous m'attendiez ?...

HORTENSE.

Demain matin seulement, et pour prendre patience, j'étais en tête à tête avec vos lettres, lorsque j'ai entendu un bruit confus de voix... un pressentiment... que sais-je ?... Je suis accourue !... Mais qu'aviez-vous donc, monsieur, à rire de si bon cœur ?...

LE MARQUIS, souriant.

Oh ! rien... rien !... une petite anecdote fort plaisante, en vérité.

HORTENSE.

Contez-moi cela.

LE MARQUIS.

Tout à l'heure... car je tombe d'inanition... et, puisque vous voilà réveillée, je vous demande sans façon à souper... mais dans vos appartemens, madame... si vous voulez bien le permettre...

HORTENSE.

Oh ! que vous êtes aimable !... Vous devez avoir tant de choses à me dire !...

LE MARQUIS.

Et vous ?

HORTENSE.

Oh ! moi, presque rien... si ce n'est que je me suis ennuyée à mourir pendant votre absence, et qu'un peu plus, je prenais la poste pour aller vous rejoindre.

LE MARQUIS, lui baisant la main.

Charmante ! (A part.) Et j'ai pu croire que je n'étais plus aimé !

HORTENSE, à part.

Et j'ai osé douter de lui un instant !

LE MARQUIS, désignant le plateau.

Mariette, portez ceci chez Mme la marquise.

MARIETTE.

Oui, monsieur. (Bas, au marquis.) Vous ne direz rien, pas vrai ?...

LE MARQUIS, de même.

Sois donc tranquille... j'inventerai...

MARIETTE.

Comme moi.

LE MARQUIS, à Hortense.

A propos... et votre cousin ?

HORTENSE.

Alfred ?... Je le voyais souvent.

LE MARQUIS, souriant.

Ah ! il venait souvent ?...

HORTENSE.

Presque tous les jours, avec sa tante ou sa sœur... En votre absence, je n'ai voulu recevoir personne autre.

LE MARQUIS.

Il paraît que M. le capitaine a laissé à Paris une réputation d'homme à bonnes fortunes.

HORTENSE.

Vraiment.

LE MARQUIS.

Oui... oui... il n'est question partout que de ses succès d'antichambre... Oh ! il n'est pas fier, et sait admirer le beau partout où il le rencontre.

HORTENSE, un peu piquée.

Je ne comprend pas.

LE MARQUIS.

Je le crois bien ! (A part.) Le pauvre cousin !... il doit être furieux, s'il m'entend.

MARIETTE, rentrant.

Madame est servie.

ENSEMBLE.

AIR : Valse de Giselle.

LE MARQUIS et HORTENSE.

A table donc !... Ah ! pour moi quelle fête !
Car loin du monde et des regards jaloux,
Souper ainsi, tous deux en tête à tête,
Est-il bonheur plus grand pour deux époux ?

MARIETTE, à part.

Dieu ! quel bonheur ! j' n'étais pas à la fête !
Rouget, l' marquis... tous deux sont si jaloux...,
Et j'ai ben cru voir tomber sur ma tête
L'orage affreux qui grondait près de nous.

(Hortense entre la première chez elle ; le marquis se retourne alors.)

LE MARQUIS, à Mariette.

Où est la clé de la petite porte qui donne sur le bois ?

MARIETTE.

Sur la cheminée de madame.

LE MARQUIS.

Je vais te l'apporter, et tu le feras partir.

(Il sort.)

SCÈNE XVIII.

MARIETTE, ROUGET, sortant de sa cachette. Il pouffe de rire.

MARIETTE, sans voir Rouget.

Ah ! v'là madame sauvée, et moi aussi par contre-coup !... (Voyant Rouget.) Ciel !...

ROUGET.

Ah ! ah ! ah ! elle est bonne celle-là,.. Il n'y a que les femmes pour en inventer de cette force-là...

MARIETTE.

Où étiez-vous donc ?

ROUGET.

J'ai tout entendu... se sacrifier ainsi pour sa protectrice !... c'est sublime... c'est antique...

MARIETTE.

Mais taisez-vous donc !... (A part.) Il est capable de faire tout découvrir.

(Le marquis paraît et se retire doucement pour écouter.)

ROUGET.

Ah ! c'est pour vous que M. le vicomte a escaladé le mur du jardin...

MARIETTE, à part.

Il le suivait...

ROUGET.

C'était aussi pour vous ce bouquet qu'il a oublié sur ce meuble ?...

MARIETTE, à part.

Oh ! le maladroit !

ROUGET.

C'était peut-être vous qu'il devait conduire au bal masqué, cette nuit !... c'était pour vous ce domino... ce masque que vous avez porté chez madame !...

MARIETTE, à part.

Il ne s'en est guère fallu que ce ne fût pour moi.

ROUGET.

Vous vous êtes bien gardée de dire ça à M. le marquis... vous maline... et lui a donné dans le panneau en plein ! Pouf !... (Il se laisse tomber dans un fauteuil.) J'en ferai une maladie très sérieuse... ah ! ah ! ah !...

(Le marquis fait du bruit dans la coulisse.)

MARIETTE, effrayée.

Chut !... Taisez-vous donc !...

(Rouget se lève très sérieux à la vue du marquis.)

SCÈNE XIX.

LES MÊMES, LE MARQUIS, affectant le calme.

LE MARQUIS.

Vous pouvez vous retirer... nous n'avons plus besoin de vous.

MARIETTE, bas, au marquis.

Et lui ?

LE MARQUIS, réprimant un mouvement.

Je m'en charge... c'est plus convenable !... Eh bien ! vous m'avez entendu ?... Sortez !... mais sortez donc !

MARIETTE, en sortant.

Ah ! quelle nuit, mon Dieu !

SCÈNE XX.

LE MARQUIS, puis HORTENSE.

LE MARQUIS. hors de lui.

J'étais leur dupe à tous !...Ah ! Hortense, vous me rendrez compte de mon amour méconnu, de ma confiance trahie... Mais à vous d'abord, monsieur le vicomte...

(Il va pour entrer chez lui.)

HORTENSE.

Eh bien ! mon ami, vous me laissez seule à table... Pourquoi donc ne venez-vous pas ?...

LE MARQUIS, à part, la main sur la porte de sa chambre.)

Tant de calme, tant de sangfroid... quand elle me trompe de la manière la plus horrible !

HORTENSE, s'approchant.

Mais vous ne m'écoutez pas... Qu'avez-vous ?...

LE MARQUIS.

Vous osez me le demander, madame !

HORTENSE.

Ah ! mon Dieu !... vous m'effrayez !...

LE MARQUIS, s'approchant.

Vous avez raison de trembler, madame !... je le tuerai ! lui, l'infâme !... et quand à vous...

HORTENSE.

Monsieur !... mon ami... que s'est-il passé ?... pourquoi ces menaces ?... Oh ! répondez-moi...

LE MARQUIS.

C'est à vous de me répondre, madame !... Où deviez-vous aller cette nuit ?...

HORTENSE, troublée.

Cette nuit ?...

LE MARQUIS.

Oh ! ne vous donnez pas la peine de chercher un mensonge qui serait inutile !

HORTENSE, vivement.

Un mensonge !... vous ne me connaissez pas, monsieur... si j'avais commis une faute, j'aurais le courage de l'avouer... je ne mentirais pas pour m'excuser. Vous demandez où je devais aller cette nuit ?

LE MARQUIS.

Oui, madame, oui... où et avec qui ?

HORTENSE.

Au bal, avec mon cousin.

LE MARQUIS.

Ah ! vous en convenez !

HORTENSE.

Et pourquoi le nierais-je ? Sa tante, sa sœur devaient nous accompagner... et si j'ai eu un instant cette pensée, j'y ai renoncé en lisant votre lettre... cette lettre qui m'annonçait votre retour. Est-ce un crime, à vos yeux ?

LE MARQUIS.

S'il en était ainsi, madame, M. Alfred se serait il caché quand vous avez entendu ma voix.

HORTENSE.

Alfred !... lui !... il s'est caché ?... Il m'a quittée à dix heures et demie... il devait venir me prendre à onze heures, et je lui ai fait défendre ma porte par Rouget.

LE MARQUIS.

Qui l'a vu ensuite escalader les murs ; puis cette fenêtre.

HORTENSE.

Oh ! mon Dieu !

LE MARQUIS.

Est-ce assez, madame... dites ?

HORTENSE.

Monsieur, il y a dans tout ceci un mystère que je ne puis comprendre.

AIR : C'était Renaud de Montauban.

Et cependant malgré votre courroux,
  Malgré ce soupçon qui m'offense,
Je fus toujours, je suis digne de vous ;
En ma parole ayez donc confiance.
J'en fais serment, sans peur, sans embarras,
Et mon cœur jamais n'a su feindre...
Vous seul, monsieur, vous seul êtes à plaindre,
  Si le vôtre ne me croit pas,
  Si votre cœur ne me croit pas.

LE MARQUIS.

Vous croire !... mais il est là !... le vicomte est là, madame !

HORTENSE.

Là !... Eh bien ! qu'il vienne donc... qu'il paraisse... c'est en votre présence, monsieur, que je le force à avouer... ou plutôt... non !... cela ne vous suffirait pas, et je veux une justification qui ne vous laisse aucun doute.

LE MARQUIS, étonné.

Tant d'assurance !

HORTENSE, lui montrant son appartement.

Tenez, monsieur, d'ici rien ne pourra vous échapper... En vous croyant absent, il me parlera avec franchise... Etudiez nos regards, nos gestes... j'y consens !...

LE MARQUIS.

Mais...

HORTENSE.

Je l'exige !... je vous en conjure... votre repos, le mien, le bonheur de toute notre vie dépendent peut-être de cette épreuve.

(Elle le conduit près de sa porte.)

LE MARQUIS.

Vous le voulez, je cède. (Il entre dans l'appartement, dont il laisse la porte entr'ouverte.) Que vais-je apprendre !

○○

SCÈNE XXI.

LE MARQUIS, caché, HORTENSE, puis ALFRED.

HORTENSE va ouvrir la porte qui conduit chez son mari.

Venez !... (Elle écoute ; le marquis regarde.) Rien !... (Elle se retourne vers son mari.) J'en étais sûre, monsieur... une erreur... (Le marquis va pour entrer en scène ; Hortense l'arrête de la main et lui fait signe de sortir.) Chut !... des pas !... (Elle écoute encore. Alfred paraît.) C'est lui !...

(Elle s'éloigne involontairement.)

ALFRED, à voix basse, après avoir regardé autour de lui.

Seule !... vous êtes donc parvenue à l'éloigner ?

HORTENSE, surprise.

L'éloigner !... moi !...

ALFRED.

Je m'étais retiré dans cet appartement ; mais je tremblais pour vous, qui deviez être au supplice.

HORTENSE.

Mais, non, je vous assure, j'étais fort tranquille.

ALFRED.

Heureusement, quand je suis rentré ici, vous avez pris la précaution d'éteindre la bougie...

HORTENSE, à part.

J'ai éteint la bougie ?

ALFRED.

Sans quoi cette maudite lumière aurait pu nous trahir.

HORTENSE, à part.

C'est qu'il parle comme si tout cela était vrai ! (Haut.) Mais, monsieur...

ALFRED.

Oh ! rassurez-vous, je pars bien vite... heureux d'avoir pu vous dire le secret de mon cœur... d'avoir senti votre main trembler dans la mienne !

HORTENSE.

Taisez-vous, monsieur... vous savez bien que cela n'est pas ! Mon Dieu ! je crois rêver !... Alfred, vous ne me parlez pas sérieusement ?... (Mouvement de surprise d'Alfred.) De grâce... cessez cette cruelle plaisanterie !...

ALFRED.

Oh ! ma cousine... vouloir m'ôter jusqu'au souvenir !... Eh bien ! soit... je me tais... je pars... mais, du moins, j'emporte avec moi un bien précieux... un lien sympathique...

HORTENSE.

Que voulez-vous dire encore ?

ALFRED.

Cet anneau qui fut le vôtre, et que, moins sévère alors, vous m'avez abandonné.

LE MARQUIS, se montrant.

Ah ! c'en est trop !

ALFRED.

Le marquis !

ENSEMBLE.

AIR.

LE MARQUIS.

C'en est fait, mon honneur
Doit punir cette offense !
Le dépit, la fureur
S'emparent de mon cœur.

ALFRED.

Calmez votre fureur ;
En ces lieux, nulle offense,
N'a flétri votre honneur.
Vous êtes dans l'erreur.

HORTENSE.

Oh ! ciel ! quelle fureur !
Malgré mon innocence,

Il accuse mon cœur...
Je tremble de l'erreur !

coocooooooooooooooooooooooooooooooooooooooooooooooooo

SCÈNE XXII.

Les Mêmes, ROUGET, puis MARIETTE.

ROUGET, qui a paru pendant l'ensemble à la porte du fond, et qui se frotte les mains ; à part.

La bombe a éclaté !... bon !... bon !...

LE MARQUIS, à Alfred, avec colère.

Vous comprenez, monsieur, qu'il est impossible que vous gardiez plus long-temps l'anneau de la marquise... Rendez-le-moi, monsieur, rendez-le-moi !

ALFRED, retirant l'anneau et le présentant.

Le voilà !...

HORTENSE, présentant le sien.

Vous vous trompez, monsieur, le voilà !

LE MARQUIS et ALFRED.

Que vois-je ?...
     signifie ?...

ROUGET, à part.

Comment ! il y en a deux !...

ALFRED.

Mais à qui donc ai-je pris celui-là ?

MARIETTE, sortant de sa chambre avec le domino et le masque de la marquise.

A moi, monsieur le vicomte !

(Tout le monde se retourne.)

ROUGET, à part.

Ah ! qu'est-ce que c'est que ça !

MARIETTE.

Pendant que madame ne pensait guère à vous, et que, moi seule ici, j'essayais avant de la renfermer... cette toilette de bal...

ALFRED, à part.

Oh ! maladroit !

ROUGET, à part, en riant.

Pouf !... il va donner là-dedans !...

LE MARQUIS, indécis.

Que croire... que penser ?...

MARIETTE.

Si monsieur le marquis veut prendre la peine d'ouvrir mon anneau, il y trouvera la preuve de ce que je viens de dire.

ROUGET, étonné.

Hein !... comment !...

MARIETTE, montrant l'anneau.

Rouget, Mariette.

LE MARQUIS, prenant l'anneau.

Et deux cœurs enflammés !

ROUGET.

Je reconnais le mien !

LE MARQUIS, riant.

Ah ! ah !... c'était Mariette !...

HORTENSE, regardant Alfred.

Ma femme de chambre.

ALFRED, à part.

Je suis un homme noyé !...

ROUGET, tombant sur un fauteuil.

Je vais m'évanouir !

LE MARQUIS, bas, à Alfred.

N'importe, monsieur, ce n'était pas pour Mariette que vous veniez ici... et... ah ! ah ! ah !

ALFRED.

Mais... mon cousin... je...

LE MARQUIS.

Oh ! je serai généreux... vous êtes assez puni...

ALFRED, à part.

Hum !... si j'avais su que c'était Mariette !...

ROUGET, se levant et allant à Mariette.

Indigne !... trompeuse !... Fi, mam'selle, fi !...

MARIETTE.

Vous savez toute la vérité, monsieur Rouget.

ROUGET, hochant la tête.

Toute la vérité...

MARIETTE.

Mais si vous ne me croyez pas, voici votre anneau... reprenez-le...

ROUGET, surpris.

Ah-bah !

HORTENSE, à part.

Pauvre Mariette !... à quel danger j'échappe, grâce à elle !

ROUGET.

Si encore j'étais sûr...

HORTENSE.

Qu'elle vous aime... qu'elle est une honnête fille, n'est-ce pas ?... Pouvez-vous en douter, après l'aveu plein de franchise qu'elle vient de faire ?

ROUGET.

Au fait !... Et cependant, ce costume...

HORTENSE.

Un petit mouvement de coquetterie bien pardonnable.

ROUGET.

Et nos deux cœurs... dans la main du mousquetaire... sans lumière !...

HORTENSE.

Le grand mal !

ROUGET.

Comment, le grand mal !... sans lumière !...

HORTENSE.

Ah ! si j'étais à votre place...

ROUGET, suppliant.

Que feriez-vous, madame la marquise... que feriez-vous ?...

HORTENSE.

Demandez à M. le marquis... il vous le dira.

LE MARQUIS, prenant le bras de sa femme.

Je fermerais les yeux avec confiance, et je ferais mon bonheur.

ROUGET, fermant les yeux.

Eh bien ! adjugé !...

(Il prend le bras de Mariette.)

LE MARQUIS.

Allons donc ! Rouget, éclairez M. le vicomte !

ROUGET, prenant un flambeau.

Avec plaisir, monsieur le marquis, avec le plus grand plaisir... (Bas, au marquis.) Et si je peux lui faire casser le cou en route...

LE MARQUIS.

Chut !...

(Le vicomte salue et se dirige vers le fond. Il jette un dernier regard sur Mariette et menace Rouget du doigt.)

CHOEUR.

Pour nous quel doux présage !
Si l'on veut être heureux,
Il faut, en mariage,
Savoir fermer les yeux !

FIN DE L'ANNEAU DE LA MARQUISE.

PARIS. — Imprimerie de BOULE ET COMP., rue Coq-Héron, n. 3.

FRANCE DRAMATIQUE. — PIÈCES EN VENTE.

La Seconde Année.
L'École des Vieillards.
L'Ours et le Pacha.
Le Camarade de lit.
Le Mari et l'Amant.
Les Malheurs d'un Amant
Henri III et sa cour.
Un Duel sous Richelieu.
Colas, de Ducange.
Michel et Christine.
Le Mariage de raison.
L'Hom. au masque de fer
La Jeune Femme colère.
L'Incendiaire.
La Vieille.
Le Jeune Mari.
La Demoiselle à marier.
Les Vêpres Siciliennes.
Budget d'un jeune ménag.
L'Auberge des Adrets.
Philippe.
La Dame blanche.
Toujours.
40 ans de la vie d'une fem.
Le Lorgnon.
Bertrand et Raton.
Une Faute.
Le ci-devant jeune hom.
Marie Mignot.
Pourquoi?
Richard d'Arlington.
La Chanoinesse.
Les Comédiens.
L'Héritière.
Léontine.
Le Gardien.
Dominique.
Le Philtre Champenois.
Le Chevreuil.
Le Charlatanisme.
Vert-Vert.
Bruis et Palaprat.
Le Mariage extravagant.
Le Paysan perverti.
Pinto, en 5 actes.
La Carte à payer.
Le Mari de ma femme.
Les Vieux Péchés.
Luxe et Indigence.
Zoé.
Louis XI.
Ninon chez Mme Sévigné.
Robin des Bois.
Marius à Minturnes.
Marie Stuart.
Les Rivaux d'eux-mêmes
La Famille Gliset.
Les Héritiers.
Jeanne d'Arc.
Les Maris sans femmes.
L'Assemblée de famille.
Mémoires d'un Colonel.
Le Paria.
Les Deux Maris.
Le Médisant.
La Passion secrète.
Rabelais.
Les Deux Gendres.
Estelle.
Trente Ans.
Le Pré-aux-Clercs.
La Poupée.
La Tour de Nesle.
Changement d'uniforme.
Une Présentation.
Mme Gibou et Mme Pochet
Est-ce un Rêve?
Fra Diavolo.
Robert-le-Diable.
Le Duel et le Déjeuner.
Zampa.
Avant, Pendant et Après.
Les Projets de mariage.
Un premier Amour.
Napoléon, ou Schœnbrunn et Ste-Hélène.
La Courte-Paille.
Le Hussard de Felsheim.
1760, ou les 3 Chapeaux.
Rigoletti.
Frédégonde et Brunehaut
Gustave III.

Elle est Folle.
L'Abbé de l'Épée.
Un Fils.
Les Infortu. de M. Jovial.
M. Jovial.
Victorine.
Catherine ou la Croix d'or
La Belle-Mère et le Gend.
Heur et Malheur.
Il y a Seize ans.
L'Héroïne de Montpellier
C'est encore du Bonheur.
La Mère au bal, et la Fille à la maison.
Jean.
Les Étourdis.
Valérie.
Faublas.
Picaros et Diégo.
Démence de Charles VI.
Une Heure de mariage.
Madame Du Barry.
Le Chiffonnier.
Le marquis de Brunoy.
Le Voyage à Dieppe.
Les Anglaises pour rire.
La Fille d'honneur.
Un moment d'imprudence
Le Dîner de Madelon.
Les Deux Ménages.
Le Bénéficiaire.
Malheurs d'un joli garçon
Robert, chef de brigands
Michel Perrin.
Une Journée à Versailles.
Le Barbier de Séville.
Les Cuisinières.
Le Nouv. Pourceaugnac.
Marie.
Le Secret, et le Cuisinier.
Clotilde.
Bourgmest. de Saardam.
Le Roman.
Le Coin de Rue.
Le Célibataire et l'Homme marié.
La Maison en loterie.
Les Deux Anglais.
Le Mariage impossible.
La Ferme de Bondi.
Werther.
La Prison d'Édimbourg.
La Première Affaire.
La Famille de l'Apothicai.
Don Juan d'Autriche.
L'Enfant trouvé.
Le Poltron.
Le Facteur.
Misanthropie et Repentir
Le Châlet.
Perrinet Leclerc.
Moiroud et Compagnie.
Agamemnon.
Chacun de son côté.
Le Vagabond.
Thérèse.
Sans Tambour ni Tromp.
Marino Faliero.
Fanchon la Vielleuse.
Prosper et Vincent.
Glenarvon.
Le Conteur.
Le Calab de Walter Scott.
La Dame de Laval.
Carlin à Rome.
Les Deux Philibert.
Les Couturières.
Couvent de Tonnington.
Le Landau.
Une Famille au temps de Luther.
Les Polctais.
Honorine.
Angeline.
La Princesse Aurélie.
Les Petites Danaïdes.
Sophie Arnould.
Un Mari charmant.
Les Deux Frères.
Madame Lavalette.
La Pie Voleuse.
La Famille improvisée.

Les Frères à l'épreuve.
Le Marquis de Carabas.
La Belle Écaillère.
Les Deux Jaloux.
Laitière de Montfermeil.
Les Bonnes d'Enfans.
Farruck le Maure.
Monsieur Sans-Gêne.
Monsieur Chapolard.
La Camargo.
Préville et Taconnet.
Le Bourru bienfaisant.
La Fille de Dominique.
Philosophe sans le savoir
Rossignol.
Deux vieux Garçons.
Jeunesse de Richelieu.
Le Père de la Débutante.
L'Avoué et le Normand.
La Juive.
Un Page du Régent.
Les Indépendans.
Les Huguenots.
Mal noté dans le quartier.
L'Idiote, dr. en 4 actes.
Suzette.
Guillaume Colmann.
Les Deux Edmond.
Le Serment de Collége.
La Vie de Garçon.
La Camaraderie.
Le Commis Voyageur.
Liste de mes Maîtresses.
Alix, ou les Deux Mères.
Harnali, *parodie.*
99 Moutons et un Champenois.
Un Ange au sixième étage
Frascati, vaud. en 3 actes
La Cocarde tricolore.
La Muette de Portici.
La Foire Saint-Laurent.
Clermont.
Le Pioupiou, v en 3 actes
Perruquier de la Régence
Le Chevalier du Temple.
Le Mariage d'argent.
Le Camp des Croisés.
Mademoiselle d'Aloigny.
Une Vision ou le sculpteur
Le Bourgeois de Gand.
Le Pauvre Idiot, d. 5 act.
Louise de Lignerolles.
L'Homme de Soixante ans
Marguerite.
La Belle-Sœur.
Céline la Créole.
Mademoiselle Bernard.
Précepteur à vingt ans.
Madame Grégoire.
La Cachucha.
Samuel le marchand.
Guillaume Tell, op. 4 a.
Henri Hamelin, dr. 5 a.
Un Testament de dragon
Le Ménestrel, com. 5 a.
Bayadères de Pithiviers.
Peau d'âne, en 5 actes.
L'Ouverture de la Chasse
La Vie de Château.
Thérèse, opéra-comique.
L'Obstacle imprévu.
Richard Savage, dr. 5 a.
Le Grand-Papa Guérin.
Le Général et le Jésuite.
La Boulangère a des écus
D. Sébastien de Portugal
C'est monsieur qui paie.
Mademoiselle Clairon.
Ruy-Brac, p. de Ruy-Blas
Une Position délicate.
Randal, dr. en 5 actes.
L'Enfant de Giberne.
Sept Heures.
Un Bal de Grisettes.
Candinot, roi de Rouen.
Françoise et Francesca.
La Mantille.
Les Trois Gobe-Mouches
Postillon franc-comtois.
Mademoiselle Nichon.
Dagobert.

Les Maris vengés.
Une Saint-Hubert.
La Fille d'un Voleur.
Les Sermens.
Le Planteur.
Jaspin, com.-vaud.
Le Père Pascal.
Nanon, Ninon, Maintenon
Phœbus.
Les Camarades du minist.
Vingt-six ans.
La Canaille.
L'Éclair.
L'intérieur des Comités révolutionnaires.
La Laitière de la Forêt.
Bobèche et Galimafré.
La Femme Jalouse.
Le Panier Fleuri.
Le Protégé.
Le Diamant.
Les Treize.
Naufrage de la Méduse.
L'Eau merveilleuse.
Geneviève la Blonde.
Industriels et Industrieux
Le Pied de mouton.
La Grande Dame.
Passé minuit.
Le Susceptible.
Le Pacte de Famine.
Tribut des Cents Vierges
Isabelle de Montréal.
Une Visite nocturne.
Madame de Brienne.
Un Ménage parisien.
Les Brodequins de Lise.
Valentine.
La Belle Bourbonnaise.
Mademoiselle Desgarcins
Passé Midi.
Les Trois Quartiers.
La Nuit du Meurtre.
La Fiancée.
Les Ouvriers.
L'Élève de Saumur.
Carte blanche.
Chantre et Choriste.
Chansons de Béranger.
La Fille du Musicien.
La Rose Jaune.
Le Shérif.
Les Filles de l'Enfer.
César, ou le Chien du château.
Eustache.
Argentine.
L'Amour.
Fiancée de Lammermoor.
Le Père de Famille.
Bélisario.
Le Débardeur.
La Symphonie.
Sujet et Duchesse.
Écorce russe et Cœur français.
Un Scandale.
Le Bambocheur.
Le Philtre, opéra.
Le Tasse.
Léonide, ou la Vieille.
A Minuit.
Le Coffre-fort.
Fénélon, par Chénier.
Les Machabées.
La Lune Rousse.
L'Amant bourru.
Cartouche, ou les Voleurs.
L'espionne Russe.
Les Deux Normands.
Le Soldat de la Loire.
Malvine, ou le Mariage.
Le plus beau jour de la vie
Polder, ou le Bourreau.
Louise, ou la Réparation
Les Premières Amours.
Le Colonel.
Le Coiffeur et le Perruquier.
La Reine de seize ans.
Kettly, ou le Retour.
La Famille Riquebourg.

Lisbeth, ou la Fille du Laboureur.
La Lune de Miel.
La Correctionnelle.
La République, l'Empire et les Cent jours.
Les deux Forçats.
Quaker et la Danseuse.
Les Enfans d'Édouard.
Yelva.
La Marraine.
La Mansarde.
La Fille du Cid.
Assemblée de Créancier.
Le Soldat laboureur.
Les Cabinets particuliers
Les Deux Systèmes.
La Reine d'un jour.
Régine ou Deux Nuits.
L'Humoriste.
Lénore.
Hochet d'une Coquette.
La Fausse Clé.
Le Secret du Soldat.
La Peur du Tonnerre.
La Neige.
Le Jésuite.
Les 6 Degrés du Crime.
Les Deux Sergens.
Le Diplomate.
L'œil de verre.
Latréaumont.
Le Code et l'Amour.
Une Jeune Veuve.
La Mansarde du Crime.
Judith.
Madame Ducbatelet.
Le Verre d'eau.
Masaniello.
Je connais les femmes.
La Rose de Péronne.
Deux Sœurs.
La Grâce de Dieu.
La Dette à la Bamboche.
Une nuit au Sérail.
L'embarras du choix.
La Popularité.
Caravage.
Un Monsieur et une Dame
Les Pensions blancs.
Christine.
Permission de 10 heures
Béatrix, drame.
Voyage de Robert-Macaire.
Comité de Bienfaisance.
Floridor le Choriste.
La Mère et la Fille.
La Fille du Tapissier.
Le Veau d'Or.
Mari de sa Cuisinière.
Le Débutant.
Le Quinze avant Midi.
Deux Dames au Violon.
Le Beau-Père.
La Maîtresse de Poste.
L'Homme Gris.
Le Bureau de Placem.
Les Oiseaux de Bocage.
Le Festin de Pierre.
Le Bon Ange.
Les Économies de Cabochard et Sous-Clé.
Frère et Mari.
Le Bon moyen.
Un Mari du bon temps.
La Prétendante.
Le Secret du Ménage.
La Citerne d'Albi.
Un Mois de fidélité.
Le Cousin du ministre.
Gabrina.
Le Caporal et la Payse.
Les Pontons.
Les Pupilles de la Garde.
Chevilles de Mtre Adam.
Mlle de Mérange.
Péterscott.
La Vie d'un Comédien.
La Chaîne électrique.
Marie.

Nicolas Nickleby.
L'une pour l'autre.
Les Philantropes.
L'Oncle Baptiste.
L'Avocat de sa cause.
Les Jumeaux béarnais
Le Voyage à Pontoise
Le Jeu de l'amour et du hasard.
Le Parleur éternel.
Le Turc.
Mon coquin de Neveu.
Une Jeunesse orageuse
L'Ingénue de Paris.
Un Veuvage.
La Journée d'une jolie Femme.